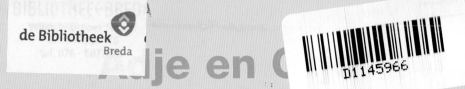

Aaltje en Co

Joke de Jonge
Tekeningen van Juliette de Wit

maantjes

Zwijsen

A en O

Wie is dat?
Dat is Ad.
De Adje van A.
Zeg maar na.
Van Adje AU.
AU – AU – AU
Val jij wel eens hard?
Dan roep je: 'Au!'

Adje is een dier.
Je ziet hem hier.
En wat voor beest is Adje?
Een tam en heel lief ratje.
Weet je wat een ratje doet?
Met zijn snuit ruikt hij heel goed.

En wie zie je hier?
Otje is een ander dier.
De Otje van O.
Dat zit zo.
Het is de Otje van OU.
OU – OU – OU
De OU uit de zin:
Snap je het NOU?

Het is echt een dotje!
Die Otje.
Zij heeft een ruige kop.
Haar haar staat alle kanten op.
Het is zwart en wit en bruin.
Een pluk haar noem je een kruin.

Weet je wat Otje doet?
Oet-oet-oet!

Nu weet je wie Adje en Otje zijn.
Dat vinden deze dieren fijn.

Dit boek gaat over die twee.
En het rijmen, daar stop ik nu mee.

Op stap

Hier zie je hun baasje Wim.
Hij is zes jaar.
Wim is lief voor zijn dieren.
Hij geeft ze eten en drinken.
Hij zorgt voor een schoon hok.
En soms haalt hij ze eruit.
Dan mag Adje over zijn arm kruipen.
Of Otje mag op zijn schoot.
Maar Wim gaat ook naar school toe.
Dan kan hij niet met Adje spelen.
Ook kan hij dan niet met Otje spelen.

Adje en Otje zien elkaar vaak.

Ze horen en ze ruiken elkaar ook.

Ze spelen nooit samen.

Ze wonen elk in hun eigen hok.

Best jammer!

Otje wil wel eens naar buiten.

Ze vindt er niks aan in haar hok.

Ze wil een stukje lopen.

In het groene gras.

Dat durft ze niet alleen.

Wacht eens!

Otje krijgt een idee.

Als Adje nou met haar meegaat ...

Dan durft Otje wel.

Adje vindt het saai in zijn hok.
Hij heeft niks te doen.
Hij wil graag eens naar buiten.
Lekker in het rond rennen.
Aan dingen ruiken ...
Dat lijkt hem echt leuk!
Hij durft niet goed alleen.
Wat hoort Adje nou?
Oet – oet – oet!
Dat is de stem van Otje.
Otje oetelt.
Wat doet Otje nu?
Ze oetelt naar Adje!
Ze praat met hem.
Wat leuk!
Weet je wat ze zegt?
'Ga je mee naar buiten, Ad?
Ik wil wel uit mijn hok.
Help je mij?
Dan gaan we samen!'
Dat wil Adje best.
En Adje is heel slim.
Ratjes zijn slimme dieren.
Hij duwt met zijn snuit.

Hij duwt tegen het dak van zijn hok.
Na een tijd helpt het.
Het dak schuift opzij.
Adje klimt er doorheen.

Nu nog het hok van Otje.
Weer duwt Adje met zijn neus.
Otje ziet Adje.
Ze oetelt heel hard.
'Oetel niet zo hard, Ot!
Straks hoort de mama van Wim ons.
Dan kunnen we niet meer weg.'
Otje oetelt nu zacht:
'Straks wordt Wim sip!'
'We gaan maar even,' zegt Adje.
'We zijn zo weer terug.'
Dan is het goed.
Want Wim is dol op Adje en Otje.
Ze gaan maar even weg.
Ze komen zo weer terug.
Dag Adje!
Dag Otje!
Veel plezier buiten!

In de tuin

Daar staan Adje en Otje dan.
Ze kijken elkaar aan.
Adje ruikt eens goed.
Otje ruikt heel anders dan hij.
Ook Otje snuft met haar neus.
Ze kan niet goed zien.
Ze oetelt eens.
Dat kan Adje weer niet.
Toch snappen ze elkaar best.

'Kom op!' zegt Adje.

'Ik weet de weg.'

Adje loopt wel eens los in huis.

Hij weet binnen dus de weg.

Soms is Wim Adje even kwijt.

Dan roept Wim: 'Adje!'

Adje rent dan snel naar Wim.

Wim zet Adje gauw weer in zijn hok.

Wim is bang dat Adje wegloopt.

Net zoals zijn konijn Mik.

Mik liep los in de tuin.

Ineens was hij toen weg.

En Mik kwam niet meer terug.

Daar moest Wim van huilen.

Toen mocht Wim een nieuw dier.

Ze gingen naar de winkel.

Wim wilde géén konijn meer.

Dan moet hij steeds aan Mik denken.

Wim mist Mik zo.

Toen zag Wim Otje.

En Wim zag Adje.

Wim vond ze even lief.

Daarom kreeg hij Adje EN Otje.

Nu zijn Adje en Otje buiten.

Ze lopen door het gras in de tuin.
Wat is dit fijn!

Maar wat doet Adje nou?

Hij snuft met zijn snuit.

Hij ruikt iets.

'Kom mee!' roept hij naar Otje.

'Ik ruik iets geks.

Ik ruik een beest.

We gaan speuren.'

En daar gaan ze.

Adje loopt voorop met zijn neus in de lucht.

Otje gaat achter hem aan.

Wat ruikt Adje toch?
Hij kent die geur een beetje.
Het lijkt op de geur van Wim.
Toch het is de geur van Wim niet.
Daar rent Adje met veel vaart.
Otje gaat gauw achter hem aan.
Ze kruipen tussen bloemen door.
Ze klimmen over takjes heen.
Otje kan bijna niet meer.
Adje rent maar door.
Otje moet achter hem aan.
Anders raakt ze de weg kwijt.

Speuren

Ze gaan door tuinen.

Dat is soms een beetje eng.

In één tuin is een grote hond.

De hond blaft heel hard.

Adje rent snel door.

Otje kan niet zo hard.

De hond blaft alleen maar.

Hij bijt niet.

Daar komt een boze poes aan.

Die maakt haar rug heel hoog.

Ze blaast hard naar Adje en Otje.

Wat een kwade kat is dat!

Ze moeten gauw weg uit deze tuin.

'Adje!' roept Otje.

Adje hoort haar niet.

Hij rent maar door.

Dan staat hij ineens stil.

Hij steekt zijn neus in de lucht.

'Ik ruik …' zegt Adje.

'Wat ruik je?' vraagt Otje.

'Ik ben aan het speuren!' zegt hij.

Hij wordt er blij van.

Ratjes zijn dol op speuren.
'Ruik je iets leuks?' vraagt Otje.
'Of is het eng?
Wat ruik je toch?'
'Het ruikt fijn,' zegt Adje.
'Het ruikt echt naar Wim.'
Hoe kan dat nou?

Wat ruikt Adje?

Adje rent verder.
'Even stoppen!' zegt Otje.
Ze is zo moe.
Adje kijkt haar aan.
Hij snapt er niks van.
Hij is dol op lopen en rennen.
'Ik zoek een plek,' zegt hij.
'Een plek om uit te rusten.
Wacht jij maar hier.'
Daar gaat Adje.
Nu ziet Otje hem niet meer.
Dat vindt ze niet fijn.
Otje is nooit buiten.
Ze is het niet gewend.
Dan hoort ze iets.
De grond trilt een beetje.
Er komt iemand aan!
Ze ziet grote voeten.
Ze kruipt gauw onder een struik.
Was Adje nou maar hier.
Otje wil naar huis toe.
Ze wil naar haar eigen hok.

De voeten lopen recht op Otje af.
Zijn de voeten van een kind?
Of zijn de voeten van een groot mens?
De voeten van Wim kent Otje wel.
Dit zijn de voeten van Wim niet.
Otje houdt zich nu heel stil.
De voeten lopen door.
Ze gaan de tuin uit.

'Poe, poe!'
Otje zucht ervan.

Wat hoort Otje nu?
O, daar is Adje weer.
Wat is er nu?
Zijn ogen zijn heel groot.
Hij kan bijna niet praten.
Zijn snuit gaat heel snel heen en weer.
'Je gelooft het niet!
Weet je wie ik rook?
Ik rook Mik!'
'Mik?' vraagt Otje.
'Wie is Mik?'

'Dat is het konijn van Wim!'
Adje kijkt zo blij.
'Ik rook Wim.
Toen vond ik Mik!
Wim was Mik kwijt.
Mik liep eens weg uit de tuin.
Hij kwam nooit meer terug.
Hij wist de weg niet meer.'
'Wat doen we nu?' vraagt Otje.
'Mik komt eraan,' zegt Adje.
'Hij gaat met ons mee naar huis.'
'Wat zal Wim blij zijn,' zegt Otje.

Adje is een held

Daar komt een konijn aan.
Otje ziet een lieve snoet.
Ze hoort een neus die snuffelt.
Ze ziet zachte, lange oren.
'Dag, ik ben Mik,' zegt het konijn.
'Hallo, ik ben Otje,' zegt Otje.
Mik stampt met zijn poot op de grond.
Zo blij is hij!
Hij wil graag naar huis terug.
Hij at gras in de tuinen.
Hij dronk water uit een bakje.
Dat stond buiten voor de vogels.
Hij sliep in een schuur.
Hij wilde graag terug naar Wim,
maar dat kon niet.
Hij wist de weg naar huis niet meer.
Adje vond Mik door zijn geur.
Mik ruikt naar Wim.
Nu wijst Adje de weg naar huis.
Adje is een held.

Daar gaan ze op een rijtje.
Eerst Adje, dan Mik en dan Otje.
Zo raakt Mik de weg niet meer kwijt.
Ze gaan weer door de tuinen.
Ze klimmen over takjes heen.
Ze kruipen tussen bloemen door.

En na een tijdje?
Na een tijdje komen ze hun tuin in.
De tuin van Wim.
Daar loopt de mama van Wim.
Ze zoekt op alle plekjes.
Ze roept 'Otje' en 'Adje'!
En Wim?
Wim heeft rode ogen.
Hij huilt de hele tijd.
Adje en Otje zijn weg!
Ineens ziet Wim Adje en Otje.
'Mam,' roept hij.
'Mam, ik droom!
Daar zijn Adje en Otje weer.'
'En dat lijkt Mik wel!' zegt mama.
'Hoe kan dat nou?'
'Dat IS Mik!' roept Wim blij.
'Dat is Mik echt!'
Verder zegt Wim niks.
Eerst knuffelt hij Mik.
Dan knuffelt hij Adje.
En dan knuffelt hij Otje.
'Ik snap er niks van,' zegt mama.
'Ik ook niet,' zegt Wim.

'Ze zijn nog vrienden ook!'
'Ja,' zegt mama.
'Dat zie je niet vaak.
Weet je wat we doen?
We maken een hok in de tuin.
Een heel groot hok!
Dan kunnen ze rennen en spelen.
Lekker buiten.'
'Wat een goed idee, mam,' zegt Wim.
'Dan lopen ze nooit meer weg.'

Serie 11 • bij kern 11 van Veilig leren lezen

Bonnie Big is ... boos!
Selma Noort en Irma Ruifrok

Zwijsen

Adje en Otje
Joke de Jonge en Juliette de Wit

Zwijsen

Bietje is weg
Brigitte Minne en Rosemarie de Vos

Zwijsen

Een fiets voor twee
Rindert Kromhout en Jan Jutte

Zwijsen

De droom van Maaike
Maria van Eeden en Camila Fialkowski

Zwijsen

Jim en de Joes
Tjibbe Veldkamp en Els van Egeraat

Zwijsen

Hillie de heks
Lieneke Dijkzeul en Gitte Spee

Zwijsen

Kermis in de straat
Annemarie Bon en Gertie Jaquet

Zwijsen

STICHTING NEDERLANDSE
KINDERJURY
2006

ISBN 90.276.6115.4
NUR 287

Vormgeving: Rob Galema

1e druk 2005

© 2005 Tekst: Joke de Jonge
Illustraties: Juliette de Wit
Uitgeverij Zwijsen B.V. Tilburg

Voor België:
Zwijsen-Infoboek, Meerhout
D/2005/1919/346